U0862571

中华人民共和国
特种设备安全法

中国法制出版社

中华人民共和国特种设备安全法
ZHONGHUARENMINGONGHEGUO TEZHONG SHEBEI ANQUANFA

经销/新华书店
印刷/保定市中画美凯印刷有限公司
开本/850 毫米×1168 毫米　32 开　　印张/1.75　字数/29 千
版次/2013 年 7 月第 1 版　　2025 年 11 月第 27 次印刷

中国法制出版社出版
书号 ISBN 978-7-5093-4669-3　　定价：5.00 元

北京市西城区西便门西里甲 16 号西便门办公区
邮政编码：100053　　传真：010-63141600
网址：http：//www.zgfzs.com　　编辑部电话：010-63141673
市场营销部电话：010-63141612　　总编室电话：010-63141606

（如有印装质量问题，请与本社总编室联系。）

目　　录

中华人民共和国主席令

第四号

《中华人民共和国特种设备安全法》已由中华人民共和国第十二届全国人民代表大会常务委员会第三次会议于 2013 年 6 月 29 日通过，现予公布，自 2014 年 1 月 1 日起施行。

中华人民共和国主席　习近平

2013 年 6 月 29 日

中华人民共和国特种设备安全法

(2013 年 6 月 29 日第十二届全国人民代表大会常务委员会第三次会议通过)

目　　录

第一章　总　　则

第一条　为了加强特种设备安全工作，预防特种设备事故，保障人身和财产安全，促进经济社会发展，制定本法。

第二条 特种设备的生产（包括设计、制造、安装、改造、修理）、经营、使用、检验、检测和特种设备安全的监督管理，适用本法。

本法所称特种设备，是指对人身和财产安全有较大危险性的锅炉、压力容器（含气瓶）、压力管道、电梯、起重机械、客运索道、大型游乐设施、场（厂）内专用机动车辆，以及法律、行政法规规定适用本法的其他特种设备。

国家对特种设备实行目录管理。特种设备目录由国务院负责特种设备安全监督管理的部门制定，报国务院批准后执行。

第三条 特种设备安全工作应当坚持安全第一、预防为主、节能环保、综合治理的原则。

第四条 国家对特种设备的生产、经营、使用，实施分类的、全过程的安全监督管理。

第五条 国务院负责特种设备安全监督管理的部门对全国特种设备安全实施监督管理。县级以上地方各级人民政府负责特种设备安全监督管理的部门对本行政区域内特种设备安全实施监督管理。

第六条 国务院和地方各级人民政府应当加强对特种设备安全工作的领导，督促各有关部门依法履行监督管理职责。

县级以上地方各级人民政府应当建立协调机制，及时协调、解决特种设备安全监督管理中存在的问题。

第七条 特种设备生产、经营、使用单位应当遵守本法和其他有关法律、法规，建立、健全特种设备安全和节能责任制度，加强特种设备安全和节能管理，确保特种设备生产、经营、使用安全，符合节能要求。

第八条 特种设备生产、经营、使用、检验、检测应当遵守有关特种设备安全技术规范及相关标准。

特种设备安全技术规范由国务院负责特种设备安全监督管理的部门制定。

第九条 特种设备行业协会应当加强行业自律，推进行业诚信体系建设，提高特种设备安全管理水平。

第十条 国家支持有关特种设备安全的科学技术研究，鼓励先进技术和先进管理方法的推广应用，对做出突出贡献的单位和个人给予奖励。

第十一条 负责特种设备安全监督管理的部门应当加强特种设备安全宣传教育，普及特种设备安全知识，增强社会公众的特种设备安全意识。

第十二条 任何单位和个人有权向负责特种设备安全监督管理的部门和有关部门举报涉及特种设备安全的违法行为，接到举报的部门应当及时处理。

第二章 生产、经营、使用

第一节 一般规定

第十三条 特种设备生产、经营、使用单位及其主要负责人对其生产、经营、使用的特种设备安全负责。

特种设备生产、经营、使用单位应当按照国家有关规定配备特种设备安全管理人员、检测人员和作业人员，并对其进行必要的安全教育和技能培训。

第十四条 特种设备安全管理人员、检测人员和作业人员应当按照国家有关规定取得相应资格，方可从事相关工作。特种设备安全管理人员、检测人员和作业人员应当严格执行安全技术规范和管理制度，保证特种设备安全。

第十五条 特种设备生产、经营、使用单位对其生产、经营、使用的特种设备应当进行自行检测和维护保养，对国家规定实行检验的特种设备应当及时申报并接受检验。

第十六条 特种设备采用新材料、新技术、新工艺，与安全技术规范的要求不一致，或者安全技术规范未作要求、可能对安全性能有重大影响的，应当向国务院负责特种设备安全监督管理的部门申报，由国务院负责特种设备安全监督管理的部门及时委托安全技术咨询机构或者相关专业机构进行技术评审，评审结果经国务院负责特种设备安全监督管理的部门批准，方可投入生产、使用。

国务院负责特种设备安全监督管理的部门应当将允许使用的新材料、新技术、新工艺的有关技术要求，及时纳入安全技术规范。

第十七条 国家鼓励投保特种设备安全责任保险。

第二节 生 产

第十八条 国家按照分类监督管理的原则对特种设备生

产实行许可制度。特种设备生产单位应当具备下列条件，并经负责特种设备安全监督管理的部门许可，方可从事生产活动：

（一）有与生产相适应的专业技术人员；

（二）有与生产相适应的设备、设施和工作场所；

（三）有健全的质量保证、安全管理和岗位责任等制度。

第十九条 特种设备生产单位应当保证特种设备生产符合安全技术规范及相关标准的要求，对其生产的特种设备的安全性能负责。不得生产不符合安全性能要求和能效指标以及国家明令淘汰的特种设备。

第二十条 锅炉、气瓶、氧舱、客运索道、大型游乐设施的设计文件，应当经负责特种设备安全监督管理的部门核准的检验机构鉴定，方可用于制造。

特种设备产品、部件或者试制的特种设备新产品、新部件以及特种设备采用的新材料，按照安全技术规范的要求需要通过型式试验进行安全性验证的，应当经负责特种设备安全监督管理的部门核准的检验机构进行型式试验。

第二十一条 特种设备出厂时，应当随附安全技术规范要求的设计文件、产品质量合格证明、安装及使用维护保养说明、监督检验证明等相关技术资料和文件，并在特种设备显著位置设置产品铭牌、安全警示标志及其说明。

第二十二条 电梯的安装、改造、修理，必须由电梯制造单位或者其委托的依照本法取得相应许可的单位进行。电梯制造单位委托其他单位进行电梯安装、改造、修理的，应当对其安装、改造、修理进行安全指导和监控，并按照安全技术规范的要求进行校验和调试。电梯制造单位对电梯安全性能负责。

第二十三条 特种设备安装、改造、修理的施工单位应当在施工前将拟进行的特种设备安装、改造、修理情况书面告知直辖市或者设区的市级人民政府负责特种设备安全监督管理的部门。

第二十四条 特种设备安装、改造、修理竣工后，安装、改造、修理的施工单位应当在验收后三十日内将相关技术资料和文件移交特种设备使用单位。特种设备使用单位应当将其存入该特种设备的安全技术档案。

第二十五条 锅炉、压力容器、压力管道元件等特种设备的制造过程和锅炉、压力容器、压力管道、电梯、起重机械、客运索道、大型游乐设施的安装、改造、重大修理过程，应当经特种设备检验机构按照安全技术规范的要求进行监督检验；未经监督检验或者监督检验不合格的，不得出厂或者交付使用。

第二十六条 国家建立缺陷特种设备召回制度。因生产原因造成特种设备存在危及安全的同一性缺陷的，特种设备生产单位应当立即停止生产，主动召回。

国务院负责特种设备安全监督管理的部门发现特种设备存在应当召回而未召回的情形时，应当责令特种设备生产单位召回。

第三节　经　　营

第二十七条　特种设备销售单位销售的特种设备，应当符合安全技术规范及相关标准的要求，其设计文件、产品质量合格证明、安装及使用维护保养说明、监督检验证明等相关技术资料和文件应当齐全。

特种设备销售单位应当建立特种设备检查验收和销售记录制度。

禁止销售未取得许可生产的特种设备，未经检验和检验不合格的特种设备，或者国家明令淘汰和已经报废的特种设备。

第二十八条　特种设备出租单位不得出租未取得许可生产的特种设备或者国家明令淘汰和已经报废的特种设备，以及未按照安全技术规范的要求进行维护保养和未经检验或者检验不合格的特种设备。

第二十九条　特种设备在出租期间的使用管理和维护保养义务由特种设备出租单位承担，法律另有规定或者当事人另有约定的除外。

第三十条　进口的特种设备应当符合我国安全技术规范的要求，并经检验合格；需要取得我国特种设备生产许可的，应当取得许可。

进口特种设备随附的技术资料和文件应当符合本法第二十一条的规定，其安装及使用维护保养说明、产品铭牌、安全警示标志及其说明应当采用中文。

特种设备的进出口检验，应当遵守有关进出口商品检验的法律、行政法规。

第三十一条 进口特种设备，应当向进口地负责特种设备安全监督管理的部门履行提前告知义务。

第四节 使 用

第三十二条 特种设备使用单位应当使用取得许可生产并经检验合格的特种设备。

禁止使用国家明令淘汰和已经报废的特种设备。

第三十三条 特种设备使用单位应当在特种设备投入使用前或者投入使用后三十日内，向负责特种设备安全监督管理的部门办理使用登记，取得使用登记证书。登记标志应当置于该特种设备的显著位置。

第三十四条 特种设备使用单位应当建立岗位责任、隐患治理、应急救援等安全管理制度，制定操作规程，保证特种设备安全运行。

第三十五条 特种设备使用单位应当建立特种设备安全技术档案。安全技术档案应当包括以下内容：

（一）特种设备的设计文件、产品质量合格证明、安装及使用维护保养说明、监督检验证明等相关技术资料和文件；

（二）特种设备的定期检验和定期自行检查记录；

（三）特种设备的日常使用状况记录；

（四）特种设备及其附属仪器仪表的维护保养记录；

（五）特种设备的运行故障和事故记录。

第三十六条 电梯、客运索道、大型游乐设施等为公众提供服务的特种设备的运营使用单位，应当对特种设备的使用安全负责，设置特种设备安全管理机构或者配备专职的特种设备安全管理人员；其他特种设备使用单位，应当根据情况设置特种设备安全管理机构或者配备专职、兼职的特种设备安全管理人员。

第三十七条 特种设备的使用应当具有规定的安全距离、安全防护措施。

与特种设备安全相关的建筑物、附属设施，应当符合有关法律、行政法规的规定。

第三十八条 特种设备属于共有的，共有人可以委托物业服务单位或者其他管理人管理特种设备，受托人履行本法规定的特种设备使用单位的义务，承担相应责任。共有人未委托的，由共有人或者实际管理人履行管理义务，承担相应责任。

第三十九条 特种设备使用单位应当对其使用的特种设备进行经常性维护保养和定期自行检查，并作出记录。

特种设备使用单位应当对其使用的特种设备的安全附件、安全保护装置进行定期校验、检修，并作出记录。

第四十条 特种设备使用单位应当按照安全技术规范的要求，在检验合格有效期届满前一个月向特种设备检验机构提出定期检验要求。

特种设备检验机构接到定期检验要求后，应当按照安全技术规范的要求及时进行安全性能检验。特种设备使用单位应当将定期检验标志置于该特种设备的显著位置。

未经定期检验或者检验不合格的特种设备，不得继续使用。

第四十一条 特种设备安全管理人员应当对特种设备使用状况进行经常性检查，发现问题应当立即处理；情况紧急时，可以决定停止使用特种设备并及时报告本单位有关负责人。

特种设备作业人员在作业过程中发现事故隐患或者其他不安全因素，应当立即向特种设备安全管理人员和单位有关负责人报告；特种设备运行不正常时，特种设备作业人员应当按照操作规程采取有效措施保证安全。

第四十二条 特种设备出现故障或者发生异常情况，特种设备使用单位应当对其进行全面检查，消除事故隐患，方可继续使用。

第四十三条 客运索道、大型游乐设施在每日投入使用前，其运营使用单位应当进行试运行和例行安全检查，并对安全附件和安全保护装置进行检查确认。

电梯、客运索道、大型游乐设施的运营使用单位应当将电梯、客运索道、大型游乐设施的安全使用说明、安全注意事项和警示标志置于易于为乘客注意的显著位置。

公众乘坐或者操作电梯、客运索道、大型游乐设施，应当遵守安全使用说明和安全注意事项的要求，服从有关工作人员的管理和指挥；遇有运行不正常时，应当按照安全指引，有序撤离。

第四十四条 锅炉使用单位应当按照安全技术规范的要求进行锅炉水（介）质处理，并接受特种设备检验机构的定期检验。

从事锅炉清洗，应当按照安全技术规范的要求进行，并接受特种设备检验机构的监督检验。

第四十五条 电梯的维护保养应当由电梯制造单位或者依照本法取得许可的安装、改造、修理单位进行。

电梯的维护保养单位应当在维护保养中严格执行安全技术规范的要求，保证其维护保养的电梯的安全性能，并负责落实现场安全防护措施，保证施工安全。

电梯的维护保养单位应当对其维护保养的电梯的安全性能负责；接到故障通知后，应当立即赶赴现场，并采取必要的应急救援措施。

第四十六条 电梯投入使用后，电梯制造单位应当对其制造的电梯的安全运行情况进行跟踪调查和了解，对电梯的维护保养单位或者使用单位在维护保养和安全运行方面存在的问题，提出改进建议，并提供必要的技术帮助；发现电梯存在严重事故隐患时，应当及时告知电梯使用单位，并向负责特种设备安全监督管理的部门报告。电梯制造单位对调查和了解的情况，应当作出记录。

第四十七条 特种设备进行改造、修理，按照规定需要变更使用登记的，应当办理变更登记，方可继续使用。

第四十八条 特种设备存在严重事故隐患，无改造、修理价值，或者达到安全技术规范规定的其他报废条件的，特种设备使用单位应当依法履行报废义务，采取必要措施消除该特种设备的使用功能，并向原登记的负责特种设备安全监督管理的部门办理使用登记证书注销手续。

前款规定报废条件以外的特种设备，达到设计使用年限可以继续使用的，应当按照安全技术规范的要求通过检验或者安全评估，并办理使用登记证书变更，方可继续使用。允许继续使用的，应当采取加强检验、检测和维护保养等措施，确保使用安全。

第四十九条 移动式压力容器、气瓶充装单位，应当具备下列条件，并经负责特种设备安全监督管理的部门许可，方可从事充装活动：

（一）有与充装和管理相适应的管理人员和技术人员；

（二）有与充装和管理相适应的充装设备、检测手段、场地厂房、器具、安全设施；

（三）有健全的充装管理制度、责任制度、处理措施。

充装单位应当建立充装前后的检查、记录制度，禁止对不符合安全技术规范要求的移动式压力容器和气瓶进行充装。

气瓶充装单位应当向气体使用者提供符合安全技术规范要求的气瓶，对气体使用者进行气瓶安全使用指导，并按照安全技术规范的要求办理气瓶使用登记，及时申报定期检验。

第三章　检验、检测

第五十条　从事本法规定的监督检验、定期检验的特种设备检验机构，以及为特种设备生产、经营、使用提供检测服务的特种设备检测机构，应当具备下列条件，并经负责特种设备安全监督管理的部门核准，方可从事检验、检测工作：

（一）有与检验、检测工作相适应的检验、检测人员；

（二）有与检验、检测工作相适应的检验、检测仪器和设备；

（三）有健全的检验、检测管理制度和责任制度。

第五十一条　特种设备检验、检测机构的检验、检测人员应当经考核，取得检验、检测人员资格，方可从事检验、检测工作。

特种设备检验、检测机构的检验、检测人员不得同时在两个以上检验、检测机构中执业；变更执业机构的，应当依法办理变更手续。

第五十二条　特种设备检验、检测工作应当遵守法律、行政法规的规定，并按照安全技术规范的要求进行。

特种设备检验、检测机构及其检验、检测人员应当依法为特种设备生产、经营、使用单位提供安全、可靠、便捷、诚信的检验、检测服务。

第五十三条　特种设备检验、检测机构及其检验、检测人员应当客观、公正、及时地出具检验、检测报告，并对检验、检测结果和鉴定结论负责。

特种设备检验、检测机构及其检验、检测人员在检验、检测中发现特种设备存在严重事故隐患时，应当及时告知相关单位，并立即向负责特种设备安全监督管理的部门报告。

负责特种设备安全监督管理的部门应当组织对特种设备检验、检测机构的检验、检测结果和鉴定结论进行监督抽查，但应当防止重复抽查。监督抽查结果应当向社会公布。

第五十四条 特种设备生产、经营、使用单位应当按照安全技术规范的要求向特种设备检验、检测机构及其检验、检测人员提供特种设备相关资料和必要的检验、检测条件，并对资料的真实性负责。

第五十五条 特种设备检验、检测机构及其检验、检测人员对检验、检测过程中知悉的商业秘密，负有保密义务。

特种设备检验、检测机构及其检验、检测人员不得从事有关特种设备的生产、经营活动，不得推荐或者监制、监销特种设备。

第五十六条 特种设备检验机构及其检验人员利用检验工作故意刁难特种设备生产、经营、使用单位的，特种设备生产、经营、使用单位有权向负责特种设备安全监督管理的部门投诉，接到投诉的部门应当及时进行调查处理。

第四章 监督管理

第五十七条 负责特种设备安全监督管理的部门依照本法规定，对特种设备生产、经营、使用单位和检验、检测机构实施监督检查。

负责特种设备安全监督管理的部门应当对学校、幼儿园以及医院、车站、客运码头、商场、体育场馆、展览馆、公园等公众聚集场所的特种设备，实施重点安全监督检查。

第五十八条 负责特种设备安全监督管理的部门实施本法规定的许可工作，应当依照本法和其他有关法律、行政法规规定的条件和程序以及安全技术规范的要求进行审查；不符合规定的，不得许可。

第五十九条 负责特种设备安全监督管理的部门在办理本法规定的许可时，其受理、审查、许可的程序必须公开，并应当自受理申请之日起三十日内，作出许可或者不予许可的决定；不予许可的，应当书面向申请人说明理由。

第六十条 负责特种设备安全监督管理的部门对依法办理使用登记的特种设备应当建立完整的监督管理档案和信息查询系统；对达到报废条件的特种设备，应当及时督促特种设备使用单位依法履行报废义务。

第六十一条 负责特种设备安全监督管理的部门在依法履行监督检查职责时，可以行使下列职权：

（一）进入现场进行检查，向特种设备生产、经营、使用单位和检验、检测机构的主要负责人和其他有关人员调查、了解有关情况；

（二）根据举报或者取得的涉嫌违法证据，查阅、复制特种设备生产、经营、使用单位和检验、检测机构的有关合同、发票、账簿以及其他有关资料；

（三）对有证据表明不符合安全技术规范要求或者存在严重事故隐患的特种设备实施查封、扣押；

（四）对流入市场的达到报废条件或者已经报废的特种设备实施查封、扣押；

（五）对违反本法规定的行为作出行政处罚决定。

第六十二条 负责特种设备安全监督管理的部门在依法履行职责过程中，发现违反本法规定和安全技术规范要求的行为或者特种设备存在事故隐患时，应当以书面形式发出特种设备安全监察指令，责令有关单位及时采取措施予以改正或者消除事故隐患。紧急情况下要求有关单位采取紧急处置措施的，应当随后补发特种设备安全监察指令。

第六十三条 负责特种设备安全监督管理的部门在依法履行职责过程中，发现重大违法行为或者特种设备存在严重事故隐患时，应当责令有关单位立即停止违法行为、采取措施消除事故隐患，并及时向上级负责特种设备安全监督管理的部门报告。接到报告的负责特种设备安全监督管理的部门应当采取必要措施，及时予以处理。

对违法行为、严重事故隐患的处理需要当地人民政府和有关部门的支持、配合时，负责特种设备安全监督管理的部门应当报告当地人民政府，并通知其他有关部门。当地人民政府和其他有关部门应当采取必要措施，及时予以处理。

第六十四条 地方各级人民政府负责特种设备安全监督管理的部门不得要求已经依照本法规定在其他地方取得许可的特种设备生产单位重复取得许可，不得要求对已经依照本法规定在其他地方检验合格的特种设备重复进行检验。

第六十五条 负责特种设备安全监督管理的部门的安全监察人员应当熟悉相关法律、法规，具有相应的专业知识和工作经验，取得特种设备安全行政执法证件。

特种设备安全监察人员应当忠于职守、坚持原则、秉公执法。

负责特种设备安全监督管理的部门实施安全监督检查时，应当有二名以上特种设备安全监察人员参加，并出示有效的特种设备安全行政执法证件。

第六十六条 负责特种设备安全监督管理的部门对特种设备生产、经营、使用单位和检验、检测机构实施监督检查，应当对每次监督检查的内容、发现的问题及处理情况作出记录，并由参加监督检查的特种设备安全监察人员和被检查单位的有关负责人签字后归档。被检查单位的有关负责人拒绝签字的，特种设备安全监察人员应当将情况记录在案。

第六十七条 负责特种设备安全监督管理的部门及其工作人员不得推荐或者监制、监销特种设备；对履行职责过程中知悉的商业秘密负有保密义务。

第六十八条 国务院负责特种设备安全监督管理的部门和省、自治区、直辖市人民政府负责特种设备安全监督管理的部门应当定期向社会公布特种设备安全总体状况。

第五章 事故应急救援与调查处理

第六十九条 国务院负责特种设备安全监督管理的部门

应当依法组织制定特种设备重特大事故应急预案，报国务院批准后纳入国家突发事件应急预案体系。

县级以上地方各级人民政府及其负责特种设备安全监督管理的部门应当依法组织制定本行政区域内特种设备事故应急预案，建立或者纳入相应的应急处置与救援体系。

特种设备使用单位应当制定特种设备事故应急专项预案，并定期进行应急演练。

第七十条 特种设备发生事故后，事故发生单位应当按照应急预案采取措施，组织抢救，防止事故扩大，减少人员伤亡和财产损失，保护事故现场和有关证据，并及时向事故发生地县级以上人民政府负责特种设备安全监督管理的部门和有关部门报告。

县级以上人民政府负责特种设备安全监督管理的部门接到事故报告，应当尽快核实情况，立即向本级人民政府报告，并按照规定逐级上报。必要时，负责特种设备安全监督管理的部门可以越级上报事故情况。对特别重大事故、重大事故，国务院负责特种设备安全监督管理的部门应当立即报告国务院并通报国务院安全生产监督管理部门等有关部门。

与事故相关的单位和人员不得迟报、谎报或者瞒报事故情况，不得隐匿、毁灭有关证据或者故意破坏事故现场。

第七十一条 事故发生地人民政府接到事故报告，应当依法启动应急预案，采取应急处置措施，组织应急救援。

第七十二条 特种设备发生特别重大事故，由国务院或者国务院授权有关部门组织事故调查组进行调查。

发生重大事故，由国务院负责特种设备安全监督管理的部门会同有关部门组织事故调查组进行调查。

发生较大事故，由省、自治区、直辖市人民政府负责特种设备安全监督管理的部门会同有关部门组织事故调查组进行调查。

发生一般事故，由设区的市级人民政府负责特种设备安全监督管理的部门会同有关部门组织事故调查组进行调查。

事故调查组应当依法、独立、公正开展调查，提出事故调查报告。

第七十三条 组织事故调查的部门应当将事故调查报告报本级人民政府，并报上一级人民政府负责特种设备安全监督管理的部门备案。有关部门和单位应当依照法律、行政法规的规定，追究事故责任单位和人员的责任。

事故责任单位应当依法落实整改措施，预防同类事故发生。事故造成损害的，事故责任单位应当依法承担赔偿责任。

第六章 法律责任

第七十四条 违反本法规定，未经许可从事特种设备生产活动的，责令停止生产，没收违法制造的特种设备，处十万元以上五十万元以下罚款；有违法所得的，没收违法所得；已经实施安装、改造、修理的，责令恢复原状或者责令限期由取得许可的单位重新安装、改造、修理。

第七十五条 违反本法规定，特种设备的设计文件未经鉴定，擅自用于制造的，责令改正，没收违法制造的特种设备，处五万元以上五十万元以下罚款。

第七十六条 违反本法规定，未进行型式试验的，责令限期改正；逾期未改正的，处三万元以上三十万元以下罚款。

第七十七条 违反本法规定，特种设备出厂时，未按照安全技术规范的要求随附相关技术资料和文件的，责令限期改正；逾期未改正的，责令停止制造、销售，处二万元以上二十万元以下罚款；有违法所得的，没收违法所得。

第七十八条 违反本法规定，特种设备安装、改造、修理的施工单位在施工前未书面告知负责特种设备安全监督管理的部门即行施工的，或者在验收后三十日内未将相关技术资料和文件移交特种设备使用单位的，责令限期改正；逾期未改正的，处一万元以上十万元以下罚款。

第七十九条 违反本法规定，特种设备的制造、安装、改造、重大修理以及锅炉清洗过程，未经监督检验的，责令限期改正；逾期未改正的，处五万元以上二十万元以下罚款；有违法所得的，没收违法所得；情节严重的，吊销生产许可证。

第八十条 违反本法规定，电梯制造单位有下列情形之一的，责令限期改正；逾期未改正的，处一万元以上十万元以下罚款：

（一）未按照安全技术规范的要求对电梯进行校验、调试的；

（二）对电梯的安全运行情况进行跟踪调查和了解时，发现存在严重事故隐患，未及时告知电梯使用单位并向负责特种设备安全监督管理的部门报告的。

第八十一条 违反本法规定，特种设备生产单位有下列行为之一的，责令限期改正；逾期未改正的，责令停止生产，处五万元以上五十万元以下罚款；情节严重的，吊销生产许可证：

（一）不再具备生产条件、生产许可证已经过期或者超出许可范围生产的；

（二）明知特种设备存在同一性缺陷，未立即停止生产并召回的。

违反本法规定，特种设备生产单位生产、销售、交付国家明令淘汰的特种设备的，责令停止生产、销售，没收违法生产、销售、交付的特种设备，处三万元以上三十万元以下罚款；有违法所得的，没收违法所得。

特种设备生产单位涂改、倒卖、出租、出借生产许可证的，责令停止生产，处五万元以上五十万元以下罚款；情节严重的，吊销生产许可证。

第八十二条 违反本法规定，特种设备经营单位有下列行为之一的，责令停止经营，没收违法经营的特种设备，处三万元以上三十万元以下罚款；有违法所得的，没收违法所得：

（一）销售、出租未取得许可生产，未经检验或者检验不合格的特种设备的；

（二）销售、出租国家明令淘汰、已经报废的特种设备，或者未按照安全技术规范的要求进行维护保养的特种设备的。

违反本法规定，特种设备销售单位未建立检查验收和销售记录制度，或者进口特种设备未履行提前告知义务的，责令改正，处一万元以上十万元以下罚款。

特种设备生产单位销售、交付未经检验或者检验不合格的特种设备的，依照本条第一款规定处罚；情节严重的，吊销生产许可证。

第八十三条 违反本法规定，特种设备使用单位有下列行为之一的，责令限期改正；逾期未改正的，责令停止使用有关特种设备，处一万元以上十万元以下罚款：

（一）使用特种设备未按照规定办理使用登记的；

（二）未建立特种设备安全技术档案或者安全技术档案不符合规定要求，或者未依法设置使用登记标志、定期检验标志的；

（三）未对其使用的特种设备进行经常性维护保养和定期自行检查，或者未对其使用的特种设备的安全附件、安全保护装置进行定期校验、检修，并作出记录的；

（四）未按照安全技术规范的要求及时申报并接受检验的；

（五）未按照安全技术规范的要求进行锅炉水（介）质处理的；

（六）未制定特种设备事故应急专项预案的。

第八十四条 违反本法规定，特种设备使用单位有下列行为之一的，责令停止使用有关特种设备，处三万元以上三十万元以下罚款：

（一）使用未取得许可生产，未经检验或者检验不合格的特种设备，或者国家明令淘汰、已经报废的特种设备的；

（二）特种设备出现故障或者发生异常情况，未对其进行全面检查、消除事故隐患，继续使用的；

（三）特种设备存在严重事故隐患，无改造、修理价值，或者达到安全技术规范规定的其他报废条件，未依法履行报废义务，并办理使用登记证书注销手续的。

第八十五条 违反本法规定，移动式压力容器、气瓶充装单位有下列行为之一的，责令改正，处二万元以上二十万元以下罚款；情节严重的，吊销充装许可证：

（一）未按照规定实施充装前后的检查、记录制度的；

（二）对不符合安全技术规范要求的移动式压力容器和气瓶进行充装的。

违反本法规定，未经许可，擅自从事移动式压力容器或者气瓶充装活动的，予以取缔，没收违法充装的气瓶，处十万元以上五十万元以下罚款；有违法所得的，没收违法所得。

第八十六条 违反本法规定，特种设备生产、经营、使用单位有下列情形之一的，责令限期改正；逾期未改正的，责令停止使用有关特种设备或者停产停业整顿，处一万元以上五万元以下罚款：

（一）未配备具有相应资格的特种设备安全管理人员、检测人员和作业人员的；

（二）使用未取得相应资格的人员从事特种设备安全管理、检测和作业的；

（三）未对特种设备安全管理人员、检测人员和作业人员进行安全教育和技能培训的。

第八十七条 违反本法规定，电梯、客运索道、大型游乐设施的运营使用单位有下列情形之一的，责令限期改正；逾期未改正的，责令停止使用有关特种设备或者停产停业整顿，处二万元以上十万元以下罚款：

（一）未设置特种设备安全管理机构或者配备专职的特种设备安全管理人员的；

（二）客运索道、大型游乐设施每日投入使用前，未进行试运行和例行安全检查，未对安全附件和安全保护装置进行检查确认的；

（三）未将电梯、客运索道、大型游乐设施的安全使用说明、安全注意事项和警示标志置于易于为乘客注意的显著位置的。

第八十八条 违反本法规定，未经许可，擅自从事电梯维护保养的，责令停止违法行为，处一万元以上十万元以下罚款；有违法所得的，没收违法所得。

电梯的维护保养单位未按照本法规定以及安全技术规范的要求，进行电梯维护保养的，依照前款规定处罚。

第八十九条 发生特种设备事故，有下列情形之一的，对单位处五万元以上二十万元以下罚款；对主要负责人处一万元以上五万元以下罚款；主要负责人属于国家工作人员的，并依法给予处分：

（一）发生特种设备事故时，不立即组织抢救或者在事故调查处理期间擅离职守或者逃匿的；

（二）对特种设备事故迟报、谎报或者瞒报的。

第九十条 发生事故，对负有责任的单位除要求其依法承担相应的赔偿等责任外，依照下列规定处以罚款：

（一）发生一般事故，处十万元以上二十万元以下罚款；

（二）发生较大事故，处二十万元以上五十万元以下罚款；

（三）发生重大事故，处五十万元以上二百万元以下罚款。

第九十一条 对事故发生负有责任的单位的主要负责人未依法履行职责或者负有领导责任的，依照下列规定处以罚款；属于国家工作人员的，并依法给予处分：

（一）发生一般事故，处上一年年收入百分之三十的罚款；

（二）发生较大事故，处上一年年收入百分之四十的罚款；

（三）发生重大事故，处上一年年收入百分之六十的罚款。

第九十二条 违反本法规定，特种设备安全管理人员、检测人员和作业人员不履行岗位职责，违反操作规程和有关安全规章制度，造成事故的，吊销相关人员的资格。

第九十三条 违反本法规定，特种设备检验、检测机构及其检验、检测人员有下列行为之一的，责令改正，对机构处五万元以上二十万元以下罚款，对直接负责的主管人员和其他直接责任人员处五千元以上五万元以下罚款；情节严重的，吊销机构资质和有关人员的资格：

（一）未经核准或者超出核准范围、使用未取得相应资格的人员从事检验、检测的；

（二）未按照安全技术规范的要求进行检验、检测的；

（三）出具虚假的检验、检测结果和鉴定结论或者检验、检测结果和鉴定结论严重失实的；

（四）发现特种设备存在严重事故隐患，未及时告知相关单位，并立即向负责特种设备安全监督管理的部门报告的；

（五）泄露检验、检测过程中知悉的商业秘密的；

（六）从事有关特种设备的生产、经营活动的；

（七）推荐或者监制、监销特种设备的；

（八）利用检验工作故意刁难相关单位的。

违反本法规定，特种设备检验、检测机构的检验、检测人员同时在两个以上检验、检测机构中执业的，处五千元以上五万元以下罚款；情节严重的，吊销其资格。

第九十四条 违反本法规定，负责特种设备安全监督管理的部门及其工作人员有下列行为之一的，由上级机关责令改正；对直接负责的主管人员和其他直接责任人员，依法给予处分：

（一）未依照法律、行政法规规定的条件、程序实施许可的；

（二）发现未经许可擅自从事特种设备的生产、使用或者检验、检测活动不予取缔或者不依法予以处理的；

（三）发现特种设备生产单位不再具备本法规定的条件而不吊销其许可证，或者发现特种设备生产、经营、使用违法行为不予查处的；

（四）发现特种设备检验、检测机构不再具备本法规定的条件而不撤销其核准，或者对其出具虚假的检验、检测结果和鉴定结论或者检验、检测结果和鉴定结论严重失实的行为不予查处的；

（五）发现违反本法规定和安全技术规范要求的行为或者特种设备存在事故隐患，不立即处理的；

（六）发现重大违法行为或者特种设备存在严重事故隐患，未及时向上级负责特种设备安全监督管理的部门报告，或者接到报告的负责特种设备安全监督管理的部门不立即处理的；

（七）要求已经依照本法规定在其他地方取得许可的特种设备生产单位重复取得许可，或者要求对已经依照本法规定在其他地方检验合格的特种设备重复进行检验的；

（八）推荐或者监制、监销特种设备的；

（九）泄露履行职责过程中知悉的商业秘密的；

（十）接到特种设备事故报告未立即向本级人民政府报告，并按照规定上报的；

（十一）迟报、漏报、谎报或者瞒报事故的；

（十二）妨碍事故救援或者事故调查处理的；

（十三）其他滥用职权、玩忽职守、徇私舞弊的行为。

第九十五条 违反本法规定，特种设备生产、经营、使用单位或者检验、检测机构拒不接受负责特种设备安全监督管理的部门依法实施的监督检查的，责令限期改正；逾期未改正的，责令停产停业整顿，处二万元以上二十万元以下罚款。

特种设备生产、经营、使用单位擅自动用、调换、转移、损毁被查封、扣押的特种设备或者其主要部件的，责令改正，处五万元以上二十万元以下罚款；情节严重的，吊销生产许可证，注销特种设备使用登记证书。

第九十六条 违反本法规定，被依法吊销许可证的，自吊销许可证之日起三年内，负责特种设备安全监督管理的部门不予受理其新的许可申请。

第九十七条 违反本法规定，造成人身、财产损害的，依法承担民事责任。

违反本法规定，应当承担民事赔偿责任和缴纳罚款、罚金，其财产不足以同时支付时，先承担民事赔偿责任。

第九十八条 违反本法规定，构成违反治安管理行为的，依法给予治安管理处罚；构成犯罪的，依法追究刑事责任。

第七章　附　　则

第九十九条　特种设备行政许可、检验的收费，依照法律、行政法规的规定执行。

第一百条　军事装备、核设施、航空航天器使用的特种设备安全的监督管理不适用本法。

铁路机车、海上设施和船舶、矿山井下使用的特种设备以及民用机场专用设备安全的监督管理，房屋建筑工地、市政工程工地用起重机械和场（厂）内专用机动车辆的安装、使用的监督管理，由有关部门依照本法和其他有关法律的规定实施。

第一百零一条　本法自2014年1月1日起施行。

关于《中华人民共和国特种设备安全法（草案）》的说明

——2012年8月27日在第十一届全国人民代表大会常务委员会第二十八次会议上

全国人大财政经济委员会副主任委员　闻世震

委员长、各位副委员长、秘书长、各位委员：

我受全国人大财政经济委员会委托，就《中华人民共和国特种设备安全法（草案）》（以下简称草案）作如下说明。

一、立法的必要性

特种设备是指在生产和生活中广泛使用的锅炉、压力容器、电梯、起重机械等设备和设施。特种设备是一个国家经济水平的代表，是国民经济的重要基础装备。我国现有特种设备生产企业5万多家，已经形成从设计、制造、检测到安装、改造、修理等完整的产业链，年产值达1.3万亿元。特种设备具有在高温、高压、高空、高速条件下运行的特点，世界各国对这类设备、设施均实行特殊监管，以保障安全。

2003年国务院制定的特种设备安全监察条例（2009年作了修订），对于规范特种设备的生产、经营、使用、检验、检测，加强特种设备安全管理，保障人民群众生命和财产安全，发挥了重要的作用。近年来，随着我国经济的快速发展，特种设备数量迅猛增长，安全保障压力不断增大，人民群众对安全保障的要求也不断提高，现有的行政法规已不能适应新时期特种设备安全工作的需要。

*一是安全形势依然严峻。*改革开放以来，全国使用的各类特种设备每年以超过10%的速度增长，并呈现大型化、高速化的趋势。据国家质检总局统计，截至2011年，在用的主要特种设备有：锅炉62万台、压力容器252万台、电梯201万台、起重机械172万台、气瓶1.36亿只、大型游乐设施1.64万套和近百万公里的压力管道等。我国特种设备的重大、特大事故时有发生，据估算，事故发生率是发达国家的4至6倍，损失严重。“十一五”期间，全国共发生较大以上事故1538起，死亡1601人，受伤1744人。尤其是近年来几个大城市相继发生多起电梯和自动扶梯事故，造成极大的社会影响。

*二是安全技术规范缺乏相应的法律地位。*安全技术规范是特种设备生产、经营、使用、检验检测及安全监管的基本依据，也是处理事故和纠纷的准则。目前我国颁布了144个特种设备安全技术规范，但法律效力低、强制性不够，与世界主要工业发达国家的通行做法有较大差距。同时，根据世界贸易组织国民待遇原则和国际通行做法，我国对锅炉、压力容器等特种设备的进口实行许可制度，规定境外机构向我国出口此类设备的，要依法取得相关许可证。目前国家质检总局已向境外880家制造单位发放了《中华人民共和国特种设备制造许可证》。由于没有国家法律的相关规定，有些国家

不认可我国的安全技术规范，对境外机构发放许可证往往借用国外的技术法规，不仅影响了我国对进口特种设备安全的管理，而且也付出了大量费用。因此，亟需立法明确特种设备安全技术规范的法律地位和效力。

三是企业安全主体责任不落实。目前特种设备管理体制和行政法规过于倚重政府安全监察和检验机构，对企业安全主体责任强调不够。一些企业在生产使用、维护保养、自行检测工作中缺乏责任感，法律意识和诚信意识淡薄，违规作业的现象时有发生。因此，有必要通过建立严格的特种设备安全责任体系，明确监管部门、检验机构和企业的职责，使安全制度落到实处。

四是相关民事关系需要规范。特种设备的生产、经营和使用，涉及到行政监管法律关系，在生产、经营、使用等交易活动中也形成民事法律关系，尤其是发生特种设备事故造成损害赔偿的民事责任需要法律予以规范。根据立法法的有关规定，民事基本制度要由专门法律来规定，行政法规无权对民事活动进行调整，目前，对因特种设备事故造成的民事赔偿责任的处理，缺乏法律依据，增加了事故处理的难度。

以上情况，要求我们在总结我国特种设备安全监管实践经验的基础上，制定出一部适合我国国情和国际通行做法的特种设备安全法，从法律上明确调整范围，理顺监管体制，落实企业安全主体责任，从制度上、源头上有效防范、减少和遏制特种设备重大事故的发生，以保障人民生命财产的安全。

八届全国人大以来，每年都有全国人大代表提出议案和建议，要求制定特种设备安全法。全国人大常委会高度重视代表的意见和建议，十届全国人大期间，根据代表议案，经全国人大常委会领导批准，2006 年 12 月由财经委牵头组成有工信部（2008 年成立后参加）、公安部、住建部、交通部、质检总局、安监总局、旅游局和国务院法制办等部门和有关专家学者参加的起草组，着手研究拟订特种设备安全法草案。十一届全国人大财经委成立后，继续开展法律的起草工作。在广泛调研、多方征求意见和借鉴国外经验的基础上，数易其稿，形成了《中华人民共和国特种设备安全法（草案）》。2011 年 8 月 23 日，财政经济委员会召开第 55 次全体会议审议并通过了特种设备安全法草案。

二、草案的主要内容

草案共 8 章 65 条，按照安全第一、预防为主、节能环保、综合治理的原则，分别对安全技术规范、生产经营使用、检验、事故应急救援与调查处理、监督管理、法律责任等作了规定。明确了特种设备的范围和监管原则，确立了安全技术规范的法律地位，规定了生产者、经营者、使用者的主体责任，界定了国家检验和企业检测的关系，增加了民事法律责任。

（一）关于调整范围。目前，特种设备安全监察条例规定适用于该条例有锅炉、压力容器、电梯、起重机械等 8 类。该条例排除了对军事装备、核设施、航空航天器、铁路机车、海上设施和船舶、矿山井下使用的特种设备、民用机场专用设备、建筑工地使用的起重机械和专用车辆等特种设备的适用。生产生活中还有大量用于高层建筑的设备、防爆电器、工业和医疗领域使用的核射线装置等特种设备，既没有纳入特种设备管理目录，也没有相应的法律对其进行规范，造成监管空白。在草案征求意见过程中，有的部门和单位提出，特种设备的调整范围是动态的，要根据经济社会发展和技术进步适时进行调整。为此，草案第二条规定，特种设备是指锅炉、压力容器、压力管道、电梯、起重机械、客运索道、大型游乐设施、场（厂）内专用机动车辆等对人民生命、财产安全具有较大危险性和潜在危害性的设备、设施。同时，授权国务院对特种设备采用目录管理方式，由国务院决定将哪些设备和设施纳入特种设备范围。对暂不宜纳入目录管理的核设施、航空航天器和军事装备上使用的特种设备，草案第六十四条规定由国务院和中央军事委员会依照本法制定实施办法。

（二）关于监管体制。特种设备的安全工作既存在多头监管问题，又存在一定的监管盲区。我国目前的体制是，国家安监总局负责安全生产的综合监管，国家质检总局承担综合管理特种设备安全监察、监督工作的责任，公安、建设、交通、铁道、旅游、民航等部门在职能范围内负责有关特种设备的监管。为了进一步明确责任、理顺体制，草案第四条规定，国务院特种设备安全监督管理部门对全国特种设备安全实施监督管理；国务院有关部门依照法律、行政法规的规定，在各自职责范围内对有关的特种设备安全实施监督管理。这样规定，考虑了我国监管体制的现实状况，在强化特种设备综合监管部门职能的基础上，也明确了其他部门的管理职责。

（三）关于安全技术规范。安全技术规范是对特种设备安全技术和管理的基本要求和准则。制订安全技术规范应当引入国家强制性规范和其他现实有效的技术标准，并保证其在特种设备的生产、经营、使用的全过程中强制实施。草案设专章规定安全技术规范，一是确立了安全技术规范的法律地位，要求特种设备的生产、经营、使用、检验、检测应当遵守安全技术规范及相关标准；二是规定安全技术规范的制订程序，要按照法定程序和安全可靠、科学合理、节能环保的要求制订，并广泛听取各方面意见，定期评估，及时修订；三是规定要将经评审合格的新材料、新技术、新工艺，及时纳入安全技术规范，在保证安全的前提下鼓励技术创新；四是要求有关部门组织专家提供技术咨询和技术支持，以保证安全技术规范的科学性。

（四）关于企业安全主体责任。要从源头上防范和减少事故的发生，就必须落实企业的安全主体责任。草案第三章对生产者、经营者、使用者的权利和义务做了详细的规定。一是明确特种设备的生产者、经营者和使用者及主要负责人对安全负责；二是要求企业必须配备特种设备的管理人员、检测人员和作业人员，并对这些人员进行安全教育和技能培训；三是规定企业负有对特种设备进行自行检测、使用管理和维护保养的法定义务，确保特种设备安全；四是规定企业可以将法定义务委托给专业机构实施，国家对专业机构及其人员实行资质资格管理。

（五）关于检验。检验是国家对特种设备的生产、使用实行的技术监督措施，具有强制性和行政性；检测则是企业对其生产、经营、使用的特种设备自行或委托专业机构进行的检查测试。草案第四章规定了检验的范围和实施机构：一是规定检验包括对特种设备生产实行的强制性监督措施和使用实行的定期监督措施；二是规定国家对检验机构及其人员实行资质资格许可管理；三是规定检验机关及其人员的法定责任和保密义务等。对检验和检测的分别规定，厘清了政府职责与企业安全主体责任，有利于改变政企不分、政事不分的现状，也为今后检测机构的改革预留了空间。

（六）关于法律责任。草案明确了有关违法行为的法律责任。一是加大了处罚力度。除规定具体处罚数额外，还规定了加罚标准以及对经营者违法行为的处罚；二是加重了有关企业的民事责任。针对一些在公众场所使用的特种设备，发生事故后责任不清的问题，草案第十八条规定，电梯、客运索道、大型游乐设施的制造企业，应当对其生产的用于公共场所为社会公众服务的特种设备承担安装、改造、维护保养等义务；三是规定了赔偿责任。草案第六十一条规定，造成人身、财产或者其他损害，应当依法承担赔偿责任，并实行民事赔偿优先的原则；四是规定了刑事责任。草案第六十二条规定，违反本法规定，构成犯罪的，依法追究刑事责任。

《中华人民共和国特种设备安全法（草案）》和以上说明是否妥当，请审议。

全国人民代表大会法律委员会关于《中华人民共和国特种设备安全法（草案）》修改情况的汇报

全国人民代表大会常务委员会：

为了加强特种设备安全工作，预防特种设备事故，保障人身和财产安全，促进经济社会发展，财政经济委员会起草了特种设备安全法（草案），于2012年8月提请十一届全国人大常委会第二十八次会议进行初次审议。会后，法制工作委员会将草案印发各省（区、市）和中央有关部门、部分中央企业、高等院校和研究机构征求意见。中国人大网全文公布草案向社会征求意见。法律委员会、法制工作委员会到北京、上海、广东、湖南等地进行调研，并与财政经济委员会、国务院法制办公室、国家质量监督检验检疫总局等部门多次沟通协调，反复研究，对草案进行修改完善。法律委员会于4月3日召开会议，根据常委会组成人员的审议意见和各方面的意见，对草案进行了逐条审议。财政经济委员会、国务院法制办公室、国家质量监督检验检疫总局的负责同志列席会议，并发表意见。4月19日，法律委员会召开会议，再次进行了审议。现将特种设备安全法（草案）主要问题的修改情况汇报如下：

一、草案第二条第一款规定，本法所称特种设备，是指锅炉、压力容器、压力管道、电梯、起重机械、客运索道、大型游乐设施、场（厂）内专用机动车辆等对人民生命、财产安全具有较大危险性和潜在危害性的设备、设施。一些常委委员和地方、部门建议进一步明确本法调整的特种设备的范围。法律委员会经研究，为确保法律规定得到切实执行，同时为以后的立法留有余地，建议将这一款修改为："本法所称特种设备，是指对人身和财产安全有较大危险性的锅炉、压力容器（含气瓶）、压力管道、电梯、起重机械、客运索道、大型游乐设施、场（厂）内专用机动车辆，以及法律、行政法规规定适用本法的其他特种设备。"（草案二次审议稿第二条第一款）

二、草案第四条中规定，国务院特种设备安全监督管理部门对全国特种设备安全实施监督管理；国务院有关部门在各自的职责范围内对有关的特种设备安全实施监督管理。一些常委委员和国务院有关部门提出，应当进一步明确国务院特种设备安全监管部门和有关部门的职责分工，理顺监管体制；对海上设施和船舶、矿山井下等使用的特种设备安全的监督管理，有关法律、行政法规已有相应规定，应继续执行现行规定，不宜纳入本法。法律委员会经研究，建议删去草案第四条第二款关于国务院有关部门监管职责的规定，并在草案第六十四条中增加一款规定："法律、行政法规对特种设备安全的监督管理另有规定的，适用其规定。"（草案二次审

议稿第五条、第七十一条第二款）

三、一些常委委员和地方提出，为加强特种设备安全工作，应进一步强化和落实企业安全主体责任，从源头上预防和减少特种设备安全事故。法律委员会经研究，建议在草案总则中增加一条规定："特种设备生产者、经营者、使用者应当遵守本法和其他法律、法规，加强特种设备安全管理，建立、健全特种设备安全责任制，确保特种设备生产、经营、使用安全。"（草案二次审议稿第七条）

四、草案设专章对特种设备安全技术规范作了规定。一些地方和部门提出，有关安全技术规范的制定程序等，多属于部门工作性质，可不在本法中具体规定。法律委员会经研究，建议删去安全技术规范一章，将其中比较重要的内容分别在有关章节中作出规定。（草案二次审议稿第八条、第十七条）

五、草案第十六条中规定，从事特种设备检测、使用管理和日常维护保养等工作的有关专业机构及其人员应当依法取得资质、资格。有的常委委员提出，按照转变政府职能的要求，应当进一步减少行政许可事项。法律委员会根据十二届全国人大一次会议审议通过的《国务院机构改革和职能转变方案》的精神，对草案规定的行政许可项目作了认真梳理，本着不增设新的行政许可的原则，建议保留从事检测的专业机构应当取得相应资质、从事检测的人员应当取得相应资格的规定，删去有关可以委托进行使用管理、日常维护保养和相关机构及其人员应当取得相应资质或者资格的规定。（草案二次审议稿第十六条）

六、草案第三十三条中规定，达到报废条件的特种设备，使用者应当依法履行报废义务；特种设备达到规定使用年限需要继续使用的，应当按照安全技术规范规定，通过检验或者安全评估，并办理变更使用登记证书后，方可继续使用。一些常委委员和全国人大代表提出，达到规定使用年限的特种设备应当强制报废而不允许继续使用；一些地方建议，对报废的特种设备采取必要措施消除其功能，防止其继续使用。法律委员会经研究，建议将草案这一条第一款修改为："达到报废条件的特种设备，使用者应当依法履行报废义务，采取必要措施消除该特种设备的使用功能，并办理使用登记证书注销手续。"同时删去这一条第二款有关特种设备达到规定使用年限，通过检验或者安全评估后可以继续使用的规定。（草案二次审议稿第三十五条）

七、有的常委会组成人员提出，应当进一步加强对特种设备安全监管部门及其人员依法履行职责的要求。法律委员会经研究，建议在草案监督管理一章中增加以下规定：一是，特种设备安全监督管理部门应当加强对使用中的特种设备的监督管理。对依法办理使用登记的特种设备应当建立完整的监督管理档案；对达到报废条件的特种设备，应当及时督促使用者依法履行报废义务。（草案二次审议稿第五十一条）二是，特种设备安全监督管理部门在依法履行职责过程中发现重大违法行为或者严重事故隐患的，应当责令有关单位立即停止违法行为、采取措施消除事故隐患，向本级人民政府报告，并及时向上级特种设备安全监督管理部门报告。（草案二次审议稿第五十三条）三是，地方各级特种设备安全监督管理部门不得以任何形式实行地方保护，不得对已经依照本法规定在其他地方取得许可的特种设备生产者重复许可，不得要求对已经依照本法规定在其他地方检验合格的特种设备重复检验。（草案二次审议稿第五十四条）四是，特种设备安全监督管理部门及其工作人员对履行职责过程中知悉的商业秘密负有保密义务。（草案二次审议稿第五十五条）

八、一些常委会组成人员建议进一步完善本法法律责任相关规定，加大对一些情节严重的违法行为的处罚力度，并明确实施处罚的主体。法律委员会经研究，建议对草案法律责任一章作以下修改：一是，对草案有关条文规定为违法行为，但未规定相应的法律责任的，增加相应规定。（草案二次审议稿第五十八条第二项，第六十条第一项，第六十五条第四项，第六十六条第四项）二是，区分一些违法行为的性质、情节轻重，对处罚幅度等作相应调整。（草案二次审议稿第五十七条至第六十二条、第六十五条）三是，明确规定："本法规定的行政处罚，由特种设备安全监督管理部门实施。"（草案二次审议稿第六十七条）

此外，还对草案作了一些文字修改。

草案二次审议稿已按上述意见作了修改，法律委员会建议提请常委会第二次会议继续审议。

草案二次审议稿和以上汇报是否妥当，请审议。

全国人民代表大会法律委员会

2013年4月23日

全国人民代表大会法律委员会关于《中华人民共和国特种设备安全法（草案）》审议结果的报告

全国人民代表大会常务委员会：

常委会第二次会议对特种设备安全法草案进行了二次审议。会后，根据常委会组成人员的审议意见和常委会领导同志关于进一步提高立法质量，切实增强法律的可执行性，法律规范能具体就具体，能明确就明确的要求，法制工作委员会就草案有关问题与财政经济委员会和国务院法制办公室、国家质量监督检验检疫总局等方面交换意见，共同研究，同时认真分析总结国务院 2003 年制定、2009 年修改的《特种设备安全监察条例》实施 10 年来的情况，将条例中较为成熟的内容吸收到草案中，对草案二次审议稿进行了较大幅度的补充和细化。法律委员会于 5 月 30 日召开会议，根据常委会组成人员的审议意见和各方面意见，对草案进行了逐条审议。财政经济委员会和国务院法制办公室、国家质量监督检验检疫总局有关负责同志列席了会议。6 月 17 日，法律委员会召开会议，再次进行审议。法律委员会认为，为了加强特种设备安全工作，预防特种设备事故，保障人身和财产安全，促进经济社会发展，制定本法是必要的，草案经过二次审议修改，已经比较成熟。同时，提出以下主要修改意见：

一、关于增强法律的可执行性

根据常委会组成人员的审议意见，法律委员会经研究，建议在草案二次审议稿的基础上，对草案中有关特种设备的生产、使用、监督管理等内容作以下补充和细化：

一是在生产环节，明确了特种设备在设计阶段需要进行设计文件鉴定和型式试验的特种设备产品及其部件的种类和范围；规定了特种设备安装、改造、修理的施工单位在施工前的书面告知和竣工验收后的技术资料移交义务；对电梯的安装、改造、修理等环节提出了具体要求等。（草案三次审议稿第二章第二节）

二是在使用环节，明确要求特种设备出厂时，应当随附相关技术资料和文件；明确了特种设备使用登记的具体程序和要求；规定了使用单位应当建立特种设备安全技术档案，确立了特种设备“身份证”制度；细化了使用单位对特种设备进行自行检查和经常性维护保养以及发现异常情况时的处置、报告等规定；对电梯、客运索道、大型游乐设施的维护保养和使用管理作出了有针对性的具体规定，尤其是针对当前电梯安全事故多发的情况，规定电梯维护保养单位应当具有相应资质，在维护保养中严格执行安全技术规范的要求，保证其维护保养的电梯的安全性能，并负责落实现场安全防护措施，还规定了相应的法律责任；对移动式压力容器、气瓶充装单位应当具备的条件以及充装过程的要求作了具体规定等。同时，进一步明确了特种设备报废条件，完善了报废制度。（草案三次审议稿第二章第四节）

三是在监督管理一章中，明确学校、商场等公众聚集场所的特种设备为安全监督检查的重点对象；细化了实施安全监督检查的方式、程序和对安全监督管理人员的要求等。（草案三次审议稿第四章）

四是在事故应急救援与调查处理一章中，进一步明确了事故发生单位的责任和义务；规定了负责特种设备安全监督管理的部门的事故报告义务；对各类事故的调查主体作了具体规定。（草案三次审议稿第五章）

二、关于本法适用范围

一些常委会组成人员提出，为了加强特种设备安全监督管理，应当在维持现行特种设备安全监督管理体制的基础上，在本法中进一步明确规定，除军事装备、核设施、航空航天器使用的特种设备安全的监督管理不适用本法外，有关部门对特种设备安全的监督管理应当统一适用本法。法律委员会经研究，赞同这一意见，建议规定：军事装备、核设施、航空航天器使用的特种设备安全的监督管理不适用本法。铁路机车、海上设施和船舶、矿山井下使用的特种设备以及民用机场专用设备安全的监督管理，房屋建筑工地、市政工程工地用起重机械和场（厂）内专用机动车辆的安装、使用的监督管理，由有关部门依照本法和其他有关法律的规定实施。（草案三次审议稿第一百条）

三、关于特种设备安全信息公开和社会监督

有的常委委员提出，有关监管部门应当向社会公开特种设备安全方面的信息，并发挥社会各方面对特种设备安全监督的作用。法律委员会经研究，建议在草案有关章节中增加以下规定：一是规定任何单位和个人有权向负责特种设备安全监督管理的部门和有关部门举报涉及特种设备安全的违法行为，接到举报的部门应当及时处理（草案三次审议稿第十二条）。二是规定国务院负责特种设备安全监督管理的部门和省、自治区、直辖市人民政府负责特种设备安全监督管理的部门应当定期向社会公布特种设备安全总体状况（草案三次审议稿第六十八条）。三是负责特种设备安全监督管理的部门应当组织对特种设备检验、检测机构的检验、检测结果和鉴定结论进行监督抽查，并向社会公布监督抽查结果（草案三次审议稿第五十三条第三款）。四是规定国家鼓励投保特种设备安全责任保险，发挥保险公司对特种设备生产、经营、使用安全的督促作用（草案三次审议稿第十七条）。

四、关于检验、检测

有的常委委员和国家质量监督检验检疫总局等部门提出，草案第三章对特种设备的检验机构及其人员的执业要求作了规定，但是对检测机构及其人员没有规定，对检验机构及其人员的要求应当同样适用于检测机构及其人员。法律委员会经研究，建议将该章章名改为检验、检测，对检验、检测机构及其人员的执业要求作出统一规定。（草案三次审议稿第三章）

五、关于法律责任

根据一些常委委员和有关方面的意见，法律委员会经研究，建议对草案二次审议稿法律责任一章作以下修改：一是增加规定相应的法律责任。二是对性质和情节较为严重的违法行为，加大处罚力度。三是增加规定对事故发生负有责任的单位及其主要负责人的法律责任等。（草案三次审议稿第六章）

此外，还对草案二次审议稿作了一些文字修改。

根据常委会关于加强立法评估工作，在法律草案提请审议表决前增加评估环节，使立法更为周全的要求，5 月 31 日，法制工作委员会召开专题会议，邀请全国人大代表，专家学者，特种设备生产、经营、使用单位和检验、检测机构、行业协会、监管部门代表共 17 人，就这部法律的规范内容、出台时机、实施效果及实施中可能出现的问题进行出台前评估。总的评价是：特种设备安全法的制定，标志着我国特种设备安全监管工作向科学化、法制化方向发展迈出了一大步。从内容上看，草案针对实践中的突出问题，重点强化企业安全主体责任，规范特种设备生产、经营、使用、检验、检测等活动，确立的主要制度和行为规范已较为具体、明确，符合我国的实际，总体框架、结构合理，内容充实；有较强的可执行性，现在出台是必要的、适时的。评估会议上，有的会议代表还对草案提出了具体修改意见，法律委员会进行了认真研究，对有些意见予以采纳。法律委员会同时建议，这部法律通过后，要在全社会广泛宣传，为法律得到正确适用和自觉遵守营造良好环境，各级政府及其负责特种设备安全监督管理的部门应当依法履行职责，严格执法，确保法律的有效实施。

草案三次审议稿已按上述意见作了修改，法律委员会建议提请本次常委会会议审议通过。

草案三次审议稿和以上报告是否妥当，请审议。

全国人民代表大会法律委员会

2013年6月26日

全国人民代表大会法律委员会关于《中华人民共和国特种设备安全法（草案三次审议稿）》修改意见的报告

全国人民代表大会常务委员会：

本次常委会会议于6月26日下午对特种设备安全法（草案三次审议稿）进行了分组审议。常委会组成人员、列席会议的人员共89人发表了意见。普遍认为，草案经过常委会三次审议，吸收了常委会组成人员的审议意见和各方面的意见，针对性和操作性较强，已经比较成熟，建议进一步修改后，提请本次会议通过。同时，有些常委会组成人员和列席会议人员提出了一些修改意见。法律委员会于6月27日上午召开会议，逐条研究了常委会组成人员和列席会议人员的审议意见，对草案进行了审议。财政经济委员会和国务院法制办公室、国家质量监督检验检疫总局有关负责同志列席了会议。法律委员会认为，草案是可行的，同时，提出以下修改意见：

一、有的常委委员提出，应明确规定禁止销售、出租未经检验或者检验不合格的特种设备。据此，法律委员会建议对草案三次审议稿第二十七条第三款和第二十八条作相应修

改。（草案建议表决稿第二十七条第三款、第二十八条）

二、有的常委委员建议，进一步明确使用单位对电梯、客运索道、大型游乐设施使用安全的责任。法律委员会经研究，建议将草案三次审议稿第三十六条的有关内容修改为："电梯、客运索道、大型游乐设施等为公众提供服务的特种设备的运营使用单位，应当对特种设备的使用安全负责，设置特种设备安全管理机构或者配备专职的特种设备安全管理人员"。（草案建议表决稿第三十六条）

三、草案三次审议稿第五十五条中规定，特种设备检验、检测机构及其检验、检测人员不得从事有关特种设备的生产、经营和维护保养活动。有的常委委员建议，将这项规定中的"维护保养"的内容删去。法律委员会经研究，建议删去这一内容。（草案建议表决稿第五十五条第二款）

四、有的常委委员和列席会议的人员提出，草案规定特种设备安全监察人员应当取得"特种设备安全监察人员证书"，依照行政强制法的规定，行政强制措施应当由具备资格的行政执法人员实施，其他人员不得实施，建议将"监察人员证书"改为"行政执法证件"。法律委员会经研究，同意这一意见，建议对草案三次审议稿第六十五条作相应修改。（草案建议表决稿第六十五条）

五、根据有的常委会组成人员的意见，法律委员会建议在草案三次审议稿第八十一条中增加一款，规定："违反本法规定，特种设备生产单位生产、销售、交付国家明令淘汰的特种设备的，责令停止生产、销售，没收违法生产、销售、交付的特种设备，处三万元以上三十万元以下罚款；有违法

所得的，没收违法所得。”（草案建议表决稿第八十一条第二款）

六、根据有的常委会组成人员的意见，法律委员会建议，对有关法律责任的条文，在规定处以罚款的基础上，增加规定“责令停止违法行为”、“责令改正”的措施。（草案建议表决稿第八十八条第一款、第九十三条）

还有一个问题需要汇报。一些常委会组成人员建议规定对特种设备实行强制责任保险，解决赔付问题。法律委员会进行了认真研究，认为，保险总体上是一种民商事活动，通过法律强制投保责任险只能作为特别的情况。目前我国道路交通安全法明确规定了机动车第三者责任强制保险制度，主要考虑到全社会机动车保有量大、事故多、赔付难，易引发社会问题。比如，去年全国发生机动车事故400多万起，其中人员伤亡事故20多万起，通过强制责任保险制度及时解决抢救伤员、平息纠纷、维护正常的道路交通秩序等问题，是必要的，这也是国际上多数国家做法。关于实行强制责任保险问题，在财政经济委员会研究起草特种设备安全法草案时曾专门作过研究，草案一审稿没有作出规定。特种设备事故发生率总体较低，以电梯为例，去年全年全国发生事故36起，死亡28人，受伤15人（2011年发生事故56起，死亡41人，受伤62人），且电梯、客运索道、大型游乐设施一般都有运营单位，实践中事故赔付问题并不突出。鉴于目前对这个问题的认识还不一致，还需要在实践中进一步总结经验，法律委员会建议维持草案第十七条现在的规定，即国家鼓励投保特种设备安全责任保险。

此外，根据常委会组成人员的审议意见，还对草案三次审议稿作了个别文字修改。

草案建议表决稿已按上述意见作了修改，法律委员会建议本次常委会会议通过，并建议在本法施行时，国务院相应废止《特种设备安全监察条例》。

草案建议表决稿和以上报告是否妥当，请审议。

全国人民代表大会法律委员会

2013 年 6 月 29 日